ACHTUNG

FLUGGEFAHR !!!

CÉLINE

Elthis

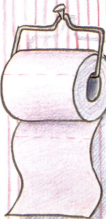

Guido Urfei
Elch Edmund

Guido Urfei

Elch Edmund

Unglaubliches aus dem schwedischen Unterholz

Illustrationen von Sabine Rothmund

Morstadt

© 2002 Morstadt Verlag Kehl / Strasbourg / Basel
Verlagsort Kehl
Gesamtherstellung: Westermann Druck Zwickau GmbH
Titelbild und Illustrationen: Sabine Rothmund
Umschlaggestaltung: Martina Foßhag

Inhalt

Für die Freiheit
und den Mut
anders zu sein

Edmund, der Erfinder der Elchschilder

Verträumt wie so oft stand er da, wusste nicht genau, ob er sich noch ein wenig die Herbstsonne auf die Nase scheinen lassen sollte oder ob es Zeit war, Ausschau zu halten nach ein paar leckeren Bucheckern: Edmund, der stolze Elch.

Er stand auf einem Hügel, die Sonne wärmte mit ihren letzten warmen Strahlen sein dunkles Elchfell und Edmund ließ seinen Blick über das Tal schweifen. Endlose Wälder, schroffe Felsen und zahllose mückenumschwärmte schwedische Seen, das war sein Revier.

Da es Herbstzeit war, wurde es Edmund wie allen Elchen und anderen Tieren ein wenig wehmütig ums Herz, denn bald würde das reichhaltige Angebot der Natur an Eicheln, Bucheckern und Preiselbeeren zur Neige gehen. Der Winter, der schon deutlich zu riechen war, würde wieder einmal zeigen, wer fit genug war, um die harte Zeit bis zum Frühjahr zu überstehen.

Eigentlich habe ich ein gutes Leben, dachte Edmund. Ich habe eine große Familie, ein schönes Zuhause und viele gute Freunde. Dennoch beschlich ihn ein seltsames Gefühl. So richtig zufrieden war er nicht. Irgendetwas fehlte ihm, aber er wusste nicht genau, was.

Edmund hatte bereits so viele Abenteuer erlebt, zusammen mit seinen Freunden oder auch allein, dass niemand hätte behaupten können, er habe ein langweiliges Leben gehabt. Trotzdem wurde er immer unzufriedener, je mehr er darüber nachdachte, dass sein Leben bis zur verdienten Elchrente so weitergehen würde. All diese gleich aussehenden Tage mit dem immer gleichen Tagesablauf: Wachwerden im Morgengrauen, Umherstreifen auf der Suche nach

Futter, Erledigen wichtiger Elchgeschäfte in der Elchgemeinschaft, Gespräche mit dem ein oder anderen der erfahrenen Elche über die guten alten Zeiten sowie über die Möglichkeiten und vor allem die Gefahren der modernen Zeiten, der Routinegang durch das Elchrevier in der Abenddämmerung und schließlich die Suche nach einem Lager für die Nacht, um bis zum nächsten, ebenso langweiligen Tag zu schlummern.

Also beschloss Edmund, wieder einmal etwas Besonderes auf die Beine zu stellen. Das nahm er sich immer vor, wenn ihm langweilig wurde. Meistens kamen ihm dann gute Ideen, über die die anderen Elche noch lange sprachen. Was würde es diesmal sein?

Während er so dahinschritt, ganz konzentriert und in seine Gedanken über neue Taten versunken, passierte es. Über seine Grübelei war Edmund immer weitergegangen, ohne darauf zu achten, wohin sein Weg ihn führte. Er hatte nicht bemerkt, dass er sich schon längst aus seinem vertrauten Revier hinausbewegt hatte und dass der Boden unter seinen Elchfüßen kein Waldboden mehr war, sondern eine merkwürdige harte, schwarze Masse.

Auch die Geräusche hatten sich verändert. Das Vogelgezwitscher war leiser geworden, das Rauschen des Windes hatte sich in ein seltsames Pfeifen verwandelt und auch die Grillen und Ameisen, die sich sonst immer unterhielten und mit ihren Stimmen die kaum hörbare Hintergrundmusik des Waldes lieferten, waren verstummt.

Als das Pfeifen des Windes anschwoll und Edmund sich allmählich darüber klar wurde, dass irgendetwas nicht stimmte, war es auch schon zu spät: Edmund stand mitten auf der Landstraße von Nybro nach Svartbeksmåla, um die er normalerweise einen weiten Bogen machte, und das merkwürdige Pfeifen waren die Fahrgeräusche eines riesengroßen, mit langen Baumstämmen beladenen

Lastwagens, der mit hoher Geschwindigkeit auf ihn zuraste. Dann ging alles so schnell, dass Edmund nicht mehr reagieren und sich aus dem Staub machen konnte.

Der Fahrer des Lastwagens hatte den großen, stolzen Elch im letzten Moment im Halbdunkel der Dämmerung gesehen und versuchte auszuweichen. Das Quietschen der Reifen, das Qualmen der verschmort riechenden Bremsen, das aufgewirbelte Gemisch aus Gras und Erde, das der LKW in einer Wolke hinter sich herzog, das alles erschien wie Boten des Schreckens.

Doch Edmund hatte Glück. Es gelang dem Fahrer des schweren Holztransporters im letzten Moment, das Lenkrad herumzureißen und das Fahrzeug nach seinem halsbrecherischen Ausweichmanöver ein paar hundert Meter weiter zum Stehen zu bringen.

Edmund war von dem gewaltigen Sog, den der LKW verursacht hatte, mitgerissen worden und lag nun, noch ganz benommen von dem Schrecken, im Graben neben der Straße. Er bot nicht das gewohnte Bild des stolzen Waldbewohners, sondern ein Bild des Elends. Mit seinen riesigen Schaufeln hatte er sich in einem Hagebuttenstrauch verheddert.

Als er endlich wieder zu sich kam, wusste er einige Sekunden lang gar nicht, was geschehen war. Doch dann fanden sich seine an Dunkelheit gewöhnten Augen zurecht.

Der LKW-Fahrer war inzwischen ausgestiegen und näherte sich Edmund mit großen Schritten und vor allem mit unaussprechlichen schwedischen Flüchen (💣☠💣...).

Blos weg hier, dachte Edmund, jetzt wird es richtig gefährlich. Zum Glück war er unverletzt. Also gab er sich einen Ruck. Mit einer heftigen Kopfbewegung verhalf er den Zweigen des Hagebuttenstrauchs in seinem Geweih zu

unverhoffter Freiheit, stand auf, so schnell er konnte, torkelte noch etwas benommen einige Schritte in Richtung des schützenden Waldes und verschwand schließlich im Unterholz, wohin ihm der LKW-Fahrer nicht folgen konnte. Hier war er in Sicherheit.

Nachdem Edmund ein paar Mal tief Luft geholt hatte, kam er allmählich zu sich. Er gab schon ein trauriges Bild ab, schmutzig am ganzen braunen Elchkörper und immer noch bekrönt mit einem Hagebuttenzweig. Er war froh, alleine zu sein mit sich, seinem Schrecken und der großen Blamage. Da hatte er eben noch geglaubt, in seinem langen Elchleben schon alles erlebt zu haben, sodass nicht mehr viel Neues passieren konnte, und dann diese Erniedrigung. Einmal nicht aufgepasst und gerade noch mit dem Leben davongekommen!

Das darf doch nicht wahr sein, dachte Edmund, ich muss etwas tun, um weiteres Unheil zu verhindern. Er dachte dabei an die vielen verletzten und getöteten Elche, die es auf dieser Landstraße schon gegeben hatte. Dass nun auch er in einen solchen Unfall verwickelt worden war, machte ihn nachdenklich. Wie konnte man nur verhindern, dass so etwas in Zukunft wieder passierte? Irgendeine Möglichkeit musste es doch geben, Menschen und Elche voreinander zu schützen. Edmund wusste, dass es auch für Menschen nicht ungefährlich war, sich vom Lenkrad eines Autos aus mit einem Elch anzulegen. Von vielen toten Elchen, aber auch schwer verletzten Autofahrern hatte Edmund schon gehört. Eine sehr gefährliche Sache diese Landstraßen, die man als Elch so schnell übersah und über die die Autos nur so dahinrauschten, viel zu schnell eigentlich.

Da hatte Edmund plötzlich einen seiner Geistesblitze, für die er im ganzen großen Elchreich bekannt war und die ihm schon so häufig weitergeholfen hatten. Ohne sagen zu können warum, war er sich sicher, dass Autofahrer berechenbar waren, wenn man ihre Regeln kannte. Nur wie stellte man es an, beide Seiten voreinander zu schützen? Man müsste die Autofahrer früh genug warnen, wenn sie sich einem der Elchpfade näherten, die eine Straße kreuzten!

So viele solcher Pfade gab es gar nicht und Edmund kannte jeden einzelnen von ihnen. Außerdem waren es sehr viel weniger geworden, seit Straßen gebaut worden waren durch die schwedischen Wälder. Die Elche hatten sich neue Wege gesucht, aus Angst vor der Gefahr, die von diesen Asphaltwegen ausging. Nur einige wenige Elchpfade waren übrig geblieben, da sie unbedingt notwendig waren, um zu einem Futterplatz zu kommen, die Nachbarsippe zu besuchen oder den jungen Elchen Reviere zu zeigen, die sie noch nicht kannten. Wenn man die Autofahrer an den wenigen Kreuzungspunkten vor der drohenden Gefahr für Tier und Mensch warnte, dann wäre allen geholfen. - Ein Warnschild musste her!

Jemanden zu finden, der solch ein Schild anfertigen konnte, würde nicht schwer sein. Edmund kannte viele Leute und auch einige Schilderelche. Doch was sollte man darauf schreiben? Schilder in Elchsprache, wie sie im Elchreich üblich waren, etwa mit der Aufschrift „Ruhe bitte, hier keine Brunftschreie!" oder „300 Hufe bis zur Elchhütte" würde ja schließlich kein Mensch verstehen. Menschensprache! Menschensprache? Nein, das war schlicht unmöglich, mit Menschen hatte selbst Edmund bisher nie gesprochen. Er hatte zwar einmal ein paar Menschen im Wald gesehen, doch das waren Jäger gewesen und die hatten auf Edmund und seine Freunde geschossen. Mit denen wollte Edmund nichts zu tun haben. Na ja, er würde erst mal zu Embert, dem bekannten Schilderelch gehen, und ihn um Rat fragen. Edmund befreite sein Geweih von dem letzten Hagebuttenzweig, säuberte sich ein wenig und machte sich auf den Heimweg.

Zu Hause angekommen, zögerte er nicht lange, marschierte schnurstracks auf die Hütte von Embert, dem Schilderelch, zu und klopfte an die Tür. „Nur herein!", tönte es von drinnen. Embert war gerade bei der Arbeit. Er stand an seiner Werkbank, mit Werkzeug, Pinsel und Farbe bewaffnet. „Hallo Embert", rief Edmund seinem Freund zu, „wie geht's denn so, woran arbeitest du?" „An einer Spezialanfertigung für den Bürgermeister", antwortete Embert. „Er will, dass von nun an jeder schon von weitem sieht, dass er der Bürgermeister ist. Dazu soll ich ihm ein riesiges Schild anfertigen, das er an seinem Haus anbringen will." „Ist ja kaum zu glauben", fiel Edmund dazu nur ein, „der bläst sich ja 'mal wieder auf". „Ich kann dir sagen, diese eingebildeten Politikerelche!" antwortete Embert und sah von seiner Werkbank auf. „Was kann ich für dich tun, du kommst bestimmt nicht zu mir, um über die große Politik des Waldes zu diskutieren?" „Nein, ich brauche ein Elchwarnschild, aber ich weiß nicht genau wie es aussehen soll, denn auch die Menschen müssen es verstehen können." „Ein Elchwarnschild, was soll das denn sein? Hat jemand Tollwut von uns und du willst verhindern, dass sich die anderen anstecken? Oder sind die verrückten Elche aus dem Nachbartal mal wieder betrunken und stolpern durch den Wald, ohne Rücksicht auf Verluste? Vor denen sollte man die Elchheit wirklich warnen, die sind gefährlich. Aber wieso sollte man die Menschen warnen, die sind doch eher gefährlich für uns? – Setz dich erst mal, Edmund, dann können wir alles in Ruhe besprechen."

Also genehmigten sich die beiden einen Preiselbeerelchsaft und begannen über den Einfall von Edmund zu beraten. An diesem Abend brannte noch lange Licht bei Embert, dem Schilderelch. Aber die anderen Elche im Dorf wunderten sich nicht darüber. Elche sind häufig Einzelgänger mit merkwürdigen Gewohnheiten und gerade von Embert wusste man, dass er oft nachts arbeitete.

Doch als Edmund, den natürlich jeder im Dorf kannte, am nächsten Morgen aus Emberts Hütte kam, erregte er Aufmerksamkeit. Eine alte Elchoma, die schon früh auf den Beinen war, sah ihn als Erste und wollte ihren alten Augen nicht trauen. War sie betrunken oder sah sie tatsächlich doppelt? Das war doch

16

Edmund, der dort aus der Hütte des Schilderelchs trat, aber er war es nicht einmal, sondern zweimal! Die Silhouette war eindeutig. So imposant, breitschultrig und stattlich sah nur ein Elch im ganzen Dorf aus: Das war Edmund! Aber wieso sah sie diesmal zwei von seiner Sorte? Erst als er näher kam, konnte sie ihn richtig erkennen und sich endlich erklären, worum es sich wirklich handelte. Edmund hatte keinen Doppelgänger dabei, sondern ein Bild von sich.

Sind die jungen Leute jetzt ganz verrückt geworden?, wunderte sich die alte Elchoma. Will er tatsächlich ein Bild von sich aufhängen? Das wäre doch wirklich übertriebener Stolz! „Nein", antwortete Edmund, der die Fragen an ihrem Gesicht ablesen konnte, „das ist ein Elchwarnschild. Es soll die Autofahrer vor den Elchen warnen und somit uns Elche vor Unfällen schützen. Damit ist uns allen geholfen. Ich werde die Sache sofort mit dem Bürgermeister besprechen."

Gesagt, getan. Schon war Edmund auf dem Weg zum Bürgermeister, der am Ende des Elchdorfes in einer feudalen Holzhütte wohnte. Edmund zögerte nicht lange, störte den Bürgermeister beim Frühstück und erklärte ihm seine Idee. Da der Bürgermeister sofort erkannte, dass er sich mit diesem Einfall selbst ein Denkmal setzen konnte, wurde dem Projekt „Elchwarnschilder" oberste politische Priorität beigemessen. Das bedeutete auch, dass es ab sofort nicht mehr Edmunds Privatsache war, sondern ein Fall von gesamtelchstaatlicher Bedeutung.

Kaum hatten die beiden ihre Besprechung beendet, da hatte sich die Sache schon wie ein Lauffeuer in der gesamten Elchgemeinschaft verbreitet. Der Postelch, der immer schon früh auf den Beinen war und einen Teil des Gespräches mitgehört hatte, zog von Elchhütte zu Elchhütte und verkündete die Botschaft: „Es wird eine Elchrettungsaktion von oberster politischer Bedeutung geben. Edmund und der Bürgermeister sind auf die Idee gekommen, an den Straßen der Menschen Schilder aufzustellen. Nie wieder tote oder verstümmelte Elche auf den Straßen, nie wieder Angst und Schrecken!"

Wenige Tage vergingen, in denen Embert, der Schilderelch, im Auftrag des Bürgermeisters eine ganze Serie von Schildern anfertigte - alle in den Elchwarnfarben Schwarz, Rot und Gelb. Dem Bürgermeister ging es gar nicht schnell genug, so begeistert war er von dem Einfall.

Ein Festkomitee wurde damit beauftragt, eine Einweihungsfeier vorzubereiten, bei der es an nichts fehlen sollte: ein Tanzzelt, groß genug für das gesamte Dorf, die „Swinging-Porcupines", eine in den riesigen schwedischen Wäldern sehr bekannte Elchband, Köstlichkeiten, die jedes Elchherz höher schlagen ließen. Schließlich sollten Edmund und seine lebensrettende Idee gebührend gefeiert werden.

Das erste aller Elchschilder, die von nun an in den schwedischen Wäldern stehen sollten, bekam einen Platz an der Straße zum Schwarzen See, den man als Rahmen für die Veranstaltung für geeignet hielt. In einem sehr feierlichen Festakt - der Bürgermeister hielt eine sehr beeindruckende Rede, Edmund durfte die Geschichte erzählen, wie er auf die ungewöhnliche Idee gekommen war - wurde schließlich das Schild enthüllt. Die ganze große Elchgemeinschaft applaudierte, man zog ins Festzelt, feierte einen ganzen Tag und eine ganze Nacht und sprach noch lange über dieses denkwürdige Ereignis.

Einige hübsche Elchdamen fanden zwar, dass Edmund auf dem Schild nicht besonders gut getroffen sei - seine langen Wimpern und seine breiten Schultern seien gar nicht richtig zu sehen. Aber das störte niemanden weiter. Viel wichtiger war, dass an jener Stelle, an der Edmund und die Dorfbewohner gemeinsam das Elchschild aufgestellt hatten, von nun an niemand mehr

verunglückte. Und auch an den übrigen Stellen, an denen in der Vergangenheit viele Unfälle passiert waren, stellte man Elchschilder auf.

Edmunds Idee war so erfolgreich, dass es nicht lange dauerte, bis selbst im hohen Norden, wo fast das ganze Jahr hindurch Schnee liegt, sodass die Elche ständig frieren müssen und sogar ein wenig anders aussehen als ihre Verwandten im Süden, Elchschilder aufgestellt wurden.

Da ihr nun die Geschichte von Edmund, dem Erfinder der Elchschilder, kennt, lasst euch in Zukunft bloß nicht einreden, dass die Elche gefährlich seien und die

Menschen die schwarz-rot-gelben Elchschilder erfunden hätten! Es war Edmund, der Elch! Und wenn man sich so ein Schild genau anschaut, dann kann man sich Edmund auch ganz gut vorstellen, den großen, stolzen Herrn der schwedischen Wälder.

Hochsitz kommt vor dem Fall

Nicht alle Geschichten, die man über Edmund erzählen kann, enden so lustig wie die folgende, obwohl es zunächst so aussah, als sei dies sein letztes Abenteuer, das dann aber eine derart glückliche Wendung fand, dass noch heute jeder im Elchdorf darüber spricht. Aber fangen wir von vorne an:

Wieder einmal war einer dieser schönen schwedischen Sommer zu Ende gegangen. Ein Sommer, wie er für den Norden so typisch war: warme Tage mit Temperaturen, bei denen sich Menschen und Tiere wohlfühlten, da der dennoch kühle Wind nicht zuließ, dass Hitze oder schwüle Gewitterluft entstanden.

Zwischen dem Einbruch der Dunkelheit, die in Skandinavien im Sommer bekanntlich sehr spät einsetzt, und dem frühen Morgen lagen kühle und vor allem sternklare Nächte. Ein Sommer, wie er wohl seit ewigen Zeiten jedes Jahr aussah und der heute noch erahnen lässt, weshalb das Volk der Wikinger nicht nur ein Volk von Kämpfern und Eroberern, sondern auch von Dichtern und Geschichtenschreibern war. Ein Sommer, der alle in ihrer Stimmung beflügelte und schon jetzt, da er zu Ende ging, in Vorfreude auf den nächsten versetzte.

Doch so schön der Sommer auch war und so viel Edmund, der Elch, auch gemeinsam mit den Nachbarn aus seinem Dorf, seinen Freunden und Verwandten erlebt hatte, so bedrückend wurde die Stimmung, je näher der Herbst kam.

Diese traurige Stimmung, die jedes Jahr um diese Zeit im Wald Einzug hielt, wurde bei den Elchen anders als bei den Menschen nicht durch die kürzer werdenden Tage verursacht, nicht durch den Mangel an Licht, der im skandinavischen Winter herrschte. Nein, es war die traurige Gewissheit, dass

jedes Jahr im Herbst, der den Sommer so rasch ablöste, die Jagdsaison der Menschen begann. Dann zogen sie durch die weiten schwedischen Wälder, nie allein, sondern in großen Horden, mit Gewehren und unglaublich schnellen, klugen und gut abgerichteten Hunden.

Geriet man als Elch in einen Hinterhalt, half bestenfalls eine panikartige Flucht ins Unterholz, wo man von den Jägern nicht mehr gesehen werden konnte und auch die Hunde Schwierigkeiten hatten zu folgen. Doch oft gewannen die Menschen eine solche Verfolgungsjagd.

Schon in der Vergangenheit war die herbstliche Jagd häufig ein Thema im Elchdorf gewesen. Man hatte sich immer wieder den Kopf darüber zerbrochen, was man dagegen unternehmen konnte. Der Ältestenrat der Elche hatte die verschiedensten Pläne geschmiedet, doch ein Patentrezept war dabei nie herausgekommen.

Jedes Jahr im Herbst hatte das Elchdorf deshalb einige Verluste zu beklagen. Manchmal waren es nur ein oder zwei Elche, die dem Jagdtrieb der Menschen zum Opfer fielen, manchmal traf es viele Familien im Dorf. Und auch in diesem Jahr war der Ältestenrat nach einer mehrtägigen Zusammenkunft, etlichen Vorschlägen und ebenso vielen Verwürfen wieder auseinandergegangen, ohne eine wirklich befriedigende Lösung des Problems gefunden zu haben.

Mannomann, dachte Edmund, es muss doch eine Lösung geben! Für jedes Problem gibt es eine Lösung, man darf sich nur nicht geschlagen geben.

Nachdenklich, sämtliche der diskutierten Möglichkeiten noch einmal abwägend, trottete Edmund durch den Wald. Er kam an der Lichtung vorbei, die das Ende des Elchdorfes markierte, ließ auch den Birkenwald am Ende des Tals hinter sich und bemerkte so gedankenversunken nicht, dass er sich immer weiter von zu Hause entfernte. Erst als er sich plötzlich aus Unachtsamkeit an einem merkwürdigen, hölzernen Pfahl, von dem er mit Bestimmtheit wusste, dass er im Jahr zuvor noch nicht an dieser Stelle gestanden hatte, kräftig und ungebremst den Kopf stieß, wurde ihm bewusst, wo er war, und vor allem, dass er sich in höchster Gefahr befand. Und dann ging alles ganz schnell.

Der Pfahl, den Edmund getroffen hatte, bewegte sich heftig. Er gehörte zu einer Art Hütte, die nicht nur auf diesem einen, sondern auf mehreren Holzpfählen stand und offenbar nicht für einen Zusammenstoß mit einem so riesigen Elch konstruiert war. Der starke Wind half ebenfalls ein wenig nach, und bevor Edmund reagieren konnte, brach dieses merkwürdige Gebilde auf Stelzen, das bestimmt so hoch war wie eine fünfzehn- bis zwanzigjährige Kiefer, unter dem lauten Ächzen von zerberstendem Holz in sich zusammen.

Mitten in diesem Getöse, von dem Edmund so überrascht war, dass er wie versteinert und angewurzelt stehen blieb, waren Hilferufe zu hören. Die Hütte war wohl nicht unbesetzt, dachte Edmund, als ihm klar wurde, was er da über den Haufen gerannt hatte. Einen „Hochsitz", so nannten die Menschen diese Baumhütten, die sie zimmerten, um sich gut getarnt auf die Lauer legen zu können.

Viele dieser Hütten, die auch für Elche schlecht zu erkennen waren, da sie fast immer vom dichten Geäst der Bäume verdeckt wurden, hatten bereits gute Bekannte von Edmund auf dem Gewissen. Man ging so durch den Wald, ahnte nichts Böses und schon hatte es einen erwischt.

Edmund erinnerte sich ganz genau daran, wie einer seiner besten Freunde, der dicht neben ihm gegangen war, vor einigen Jahren von einer Gewehrkugel, die ein Jäger aus einer solchen Hütte abgefeuert hatte, getroffen worden war. Ebenso gut hätte es ihn in jenem Jahr selbst erwischen können.

Na wartet, dachte Edmund, wenn ich schon das große Glück habe, auf diese Weise einen Jäger zu treffen, dann soll der 'mal sehen, was passiert, wenn wir Elche den Spieß rumdrehen! Ohne lange zu zögern lief Edmund los, auf den Haufen aus Balken und Brettern zu, aus dem die menschlichen Hilfeschreie kamen, durchpflügte das Knäuel mit seinen Geweihschaufeln und wurde fündig.

Dem Jäger, dem der Schrecken ins Gesicht geschrieben stand, ging es nicht sehr gut, doch seine Angst vor diesem riesigen Waldbewohner reichte aus, um ihn panikartig die Beine in die Hand nehmen zu lassen. Edmund, seine „Beute" ohne große Anstrengung immer vor sich hertreibend, beendete die Verfolgung erst, als er davon überzeugt war, dass seine Lektion verstanden worden war.

Von da an lebten die Elche aus Edmunds Wald auch im Herbst in großer Ruhe und mussten nicht schon am Ende des Sommers wieder Angst vor den Menschen haben. Allerdings verlangte diese Sicherheit auch immer wieder ein großes Stück Arbeit von den starken Elchen des Dorfes. Jeden Sommer wurde ein Trupp zusammengestellt, der durch den Wald streifte und jeden neuen Hochsitz, den er entdeckte - denn es gab in jedem Jahr wieder Menschen, die ihr Glück versuchen wollten und nichts von den Elchen wussten, die sich wehrten - aufs Geweih nahm.

Woher die Fliegenpilze ihren Namen haben

Es war Ende des Sommers - die Blätter der Birken hatten sich schon lange verfärbt und die Nächte waren schon so kalt, dass die Tiere des Waldes allmählich daran dachten, sich ein bequemes und warmes Plätzchen für den Winter zu suchen - da war er noch einmal unterwegs, um für die kalte Jahreszeit noch ein paar Vorräte anzulegen: Edmund, der stolze Elch der südschwedischen Wälder.

Gelangweilt zupfte er ein wenig an den Beeren, von denen es in den schwedischen Wäldern eine Menge gibt. An den roten Preiselbeeren, den Blaubeeren und manchmal hatte er Glück und fand auch einige besonders süße Waldhimbeeren, die für Elche eine große Delikatesse sind. Zwischendurch verfeinerte Edmund sein Mahl mit ein paar Eicheln, Tannenzapfen und Bucheckern. Am allerliebsten aß er jedoch den Waldklee, der nur an den wenigen feuchten Stellen des Waldes wuchs.

Edmund durchstreifte diesen Teil des Waldes schon seit vielen Jahren. Deshalb kannte er die besonders guten Futterplätze ganz genau.

Es war für jeden Elch ein kleines, privates Geheimnis, wo er sein Mittagessen einnahm. Auch hatte jeder Elch eine eigene Methode, sich zu merken, wo die besonders guten Stellen waren. Edmund war bereits als kleiner Babyelch von seinen Eltern zur Nahrungssuche mitgenommen worden und hatte sich schon früh die Orte eingeprägt, an die sie ihn geführt hatten. Daher fand er sich inzwischen instinktiv im Wald zurecht. Immer auf demselben Pfad, den er seit so vielen Jahren ging.

Doch als Edmund sich nach einer Waldkastanie bückte, erregte plötzlich etwas Eigentümliches seine Aufmerksamkeit: Aus dem grün-braunen Farbengemisch des Waldes blitzte etwas ungewohnt Leuchtendes hervor.

Aus den Augenwinkeln nahm er wahr, dass etwa 100 Meter von ihm entfernt etwas Besonderes aus dem Waldboden emporwuchs. Wie hypnotisiert steuerte Edmund schnurstracks darauf zu, das Objekt der Begierde immer fest im Blick.

Schon nach wenigen Schritten ahnte Edmund, worum es sich handelte. Das mussten Pilze sein, die dort unter einer alten Birke, im kurzen, grünen Gras wuchsen!

Mit Pilzen war Edmund bisher vorsichtig gewesen. Er wusste von seinen Eltern, dass man sie nicht zertrampeln durfte, denn sie waren von Nutzen für den Wald.

Er war auch nie besonders darauf aus gewesen, irgendwelche Pilze zu probieren, denn sie gehörten nicht zum üblichen Speiseplan der Elche. Aber diese hier waren etwas Besonderes. Selbst das Rot der schwedischen Preiselbeeren und das Weiß der Sommerwolken waren nicht zu vergleichen mit der Farbenpracht dieser Pilze. Wenn es so etwas wie eine Versuchung gibt, dachte Edmund, dann muss sie so aussehen wie diese Pilze hier!

Edmund erinnerte sich an die Worte seiner alten Elchoma, nämlich dass man Pilze essen könne. Er wusste zwar nicht mehr genau, auf welche das zutraf, und hatte nur in Erinnerung, dass man noch irgendetwas beim Essen von Waldpilzen zu beachten hatte, aber das hielt ihn nicht lange davon ab, diese so fröhlich gefärbten Früchte des Waldes einmal zu probieren.

Die ersten Bissen fand er gar nicht so schlecht. Besonders die roten Hüte mit den weißen Punkten hatten einen angenehmen, etwas süßlichen Geschmack. Ja, dachte Edmund, diese Pilze muss ich sammeln und meinen Gästen zu Hause bei der nächsten Einladung zum Nachtisch reichen. Das wird bestimmt ein Erfolg!

Doch auf einmal passierten merkwürdige Dinge mit Edmund. Kaum hatte er ein oder zwei Pilze genüsslich gekaut und runtergeschluckt, begann eine seltsame Verwandlung. Sein Körper fühlte sich so leicht an, die Augen vollführten Bewegungen, für die sie überhaupt nicht vorgesehen waren, und auch der Wald um Edmund herum schien sich zu bewegen. Seit wann ist das Grün der Tannen unten und der Waldboden oben?, schoss es Edmund durch den Kopf. Ich stehe doch aufrecht!

Schon wenige Sekunden später wurden Edmunds Eindrücke von der Welt immer unwirklicher. Ohooooo, dachte Edmund, solange er noch denken konnte, ich kann also fliegen! Bin ich das da unten oder wer sonst sieht genauso aus wie ich? Kurz darauf verlor Edmund vollständig das Bewusstsein.

Als er am nächsten Morgen wach wurde, kam er nur langsam zu sich. Er befand sich nicht in seiner Hütte, das wurde ihm schnell klar. Was mochte passiert sein?

Nachdem er die Augen aufgeschlagen hatte, dauerte es nicht lange, bis er umringt war von allerlei Leuten: hauptsächlich junge, hübsche Elchdamen in weißen Kitteln. Konnte das denn wahr sein, sollte er tatsächlich im Krankenhaus liegen? Wie war er denn dahin gekommen? Langsam begann Edmund zu ahnen, was geschehen war.

Später erzählte man ihm, dass ihn einer der Pfadfinderelche im Wald gefunden hatte. Angesichts der unbeschreiblichen Größe der schwedischen Wälder war es mehr als Glück gewesen, dass sich ihre Wege dort gekreuzt hatten. Da Edmunds Gesicht zu diesem Zeitpunkt bereits jegliche braune Elchfarbe verloren und er auch sonst mehr tot als lebendig ausgesehen hatte, war schnell Hilfe geholt und Edmund von mehreren Transportelchen zum Krankenhaus gebracht worden.

Jetzt, da er wieder bei Bewusstsein war, waren alle gespannt, was sich wohl zugetragen hatte, und wollten erst einmal Edmunds Geschichte hören:

„Es war gar nicht so schlecht. Nachdem ich diese Pilze gegessen hatte, konnte ich mich selbst von oben sehen und bin durch die Lüfte geschwebt. Die Mücken und Libellen, die ich traf, waren zwar etwas überrascht. Aber als ich mit ihnen um die Wette geflogen war und sie verloren hatten, glaubten sie mir schließlich, dass es fliegende Elche gibt. Lange hat mein Flug allerdings nicht gedauert, jedenfalls kann ich mich an nichts weiter erinnern. Bei der Landung muss ich wohl etwas ungeschickt gewesen sein, denn meine Kopfschmerzen sind kaum auszuhalten. Na ja, es war eben mein erster Flug. Wenn ich doch wenigstens nicht solche Kopfschmerzen hätte. Oder habe ich mir etwa beim Fliegen den Kopf gestoßen?"

Kaum dass Edmund geendet hatte, schlief er auch schon wieder ein. Es dauerte noch mehrere Tage, bis er aus dem Krankenhaus entlassen werden konnte. Immer wieder wurde ihm schlecht. Die Spätfolgen seines unbedachten Pilzgenusses

bereiteten ihm nicht nur höllische Kopfschmerzen, sondern auch starke Übelkeit, etwa so als hätte er eine große Menge verdorbene Nahrung zu sich genommen.

Als er schließlich nach Hause durfte, bot er ein Bild des Jammers: abgemagert, blass im Gesicht und von seiner stattlichen, stolzen Elchfigur war auch nicht mehr viel übrig. Außerdem war ihm inzwischen wieder eingefallen, was wirklich passiert war und dass er noch einmal Glück gehabt hatte.

Schon vor ihm hatte es Elche gegeben, die von den roten Pilzen gekostet hatten. Doch da nur wenige von ihnen so groß und robust gewesen waren wie Edmund, hatten diese Versuche häufig ein schlimmeres Ende genommen. Auch tote Elche hatte es schon gegeben, so wussten die Ärzte des Krankenhauses zu berichten. Irgendeine Substanz musste in diesen so appetitlich aussehenden Pilzen sein, die Schlimmes verursachte. Es handelte sich zwar um ein noch ungelöstes Rätsel der Elch-Medizin, aber sicher war, dass man sie nicht essen durfte.

Wie dem auch sei: Mit diesem Tag war Edmund wieder einmal ein wenig bekannter geworden im Elchreich. Selbst zu den Elchen in Nordschweden, viele hundert Kilometer entfernt, war die Nachricht schon nach kurzer Zeit vorgedrungen.

Edmund bekam in diesen Tagen viele Briefe von Elchen, die er bisher gar nicht gekannt hatte. Alle wollten wissen, wie sich die Geschichte genau zugetragen hatte. Die meisten fanden aufmunternde Worte und trösteten Edmund. Und was das Wichtigste war: durch Edmunds Geschichte - wie er, der große, stolze Elch, das Gefühl gehabt hatte, durch die Lüfte zu schweben und mit den Libellen und Mücken um die Wette zu fliegen - bekamen die Pilze endlich einen Namen im schwedischen Wald. Von diesem Tag an wusste jeder Elch in Schweden, dass

„Fliegenpilze" nicht zum Verzehr geeignet waren und man besser die Finger davon ließ.

Edmund, der Herzensbrecher

Auf einem seiner Streifzüge kam Edmund in die Stadt, die am Rande seines Waldes lag. Älmhult hieß sie, und dass ihr Name sich auf Schwedisch so ähnlich wie „Elchhügel" anhörte, war kein Zufall. Denn schon seit langer, langer Zeit lebten Menschen und Elche hier in enger Nachbarschaft. Man akzeptierte sich gegenseitig und hatte im Lauf der Zeit gelernt miteinander umzugehen. Die Menschen störten die Elche nur selten im Wald und die Elche besuchten die Stadt nur in Ausnahmefällen, z. B. im Winter, wenn die Nahrung knapp wurde.

Da es allerdings zu Edmunds Aufgaben gehörte, auf sämtlichen Elchwegen nach dem Rechten zu schauen, kam er doch ab und zu nach Älmhult. Das war also nichts Neues für ihn. Neu war ihm nur dieses große Einkaufsgebäude mit dem riesigen Parkplatz, der plötzlich vor ihm lag. Das war letztes Jahr noch nicht da, dachte Edmund. Mal sehen, was es drinnen zu kaufen gibt, nur so aus Neugierde. Natürlich muss ich vorsichtig sein, damit ich die Menschen und vor allem die Kinder nicht erschrecke.

Edmund fielen die vielen Kinder auf, die sich, anders als man es sonst beobachten konnte, auf den Einkauf in diesem Geschäft freuten. Anscheinend war es hier spannender als anderswo. Kein ödes Warten, langweiliges Klamottenanprobieren, Stillstehen und An-sich-rumzupfen-lassen. Auch an den Gesichtern der Väter war abzulesen, dass es hier nicht um den normalen Einkauf gehen konnte. Edmund schritt durch den Eingang, über dem in großen bunten Buchstaben „MÖBELHAUS" stand, und begann sich umzuschauen.

Er hatte sich gerade erst an die fremde Umgebung gewöhnt und sich noch darüber gewundert, dass ihm die vielen Menschen keine besondere Beachtung

schenkten, da wurde ihm klar, dass sie ihn für einen Werbegag hielten. Nur einige der Eltern machten ihre Kinder auf Edmund aufmerksam: „Seht Ihr, so ähnlich sehen die Elche im Wald aus. Sie sind meistens noch ein wenig größer und ihr Fell ist für gewöhnlich etwas brauner. Außerdem sieht man an ihren Augen, dass sie echt sind. Dieser hier ist nur ein Mensch in einem Kostüm, ihr braucht also keine Angst zu haben."

Einer der Väter hielt sich für besonders schlau. Er wollte seinen Kindern beweisen, dass es sich bei Edmund um ein Kostüm aus Stoff und Pappe handelte. Dazu nahm er Edmunds Kopf, ohne Respekt vor den mächtigen Schaufeln zu zeigen, mit denen Edmund schon unzählige Feinde in die Flucht geschlagen hatte, und packte ihn am Maul, um hineinzusehen, wie man es normalerweise bei einem Pferd macht, dessen Gebiss man kontrollieren will. Dieser Unwissende wollte seinen Kindern zeigen, dass dahinter der Mensch zu sehen sein würde, der in dieser Verkleidung steckte.

Nur ruhig Blut!, sprach Edmund in Gedanken zu sich selbst, ich werde ihm nichts tun, denn ich bin schließlich zu Gast hier bei den Menschen. Wäre ich jetzt im Wald und er spränge so mit mir um, dann würde die Sache natürlich etwas anders aussehen. Aber hier wollte sich Edmund von seiner besten Seite zeigen.

Doch als dieser Mensch in Edmunds Maul hineinblickte, passierte etwas Ungeheuerliches. Edmund hatte das wirklich nicht gewollt. Offenbar hatte er an diesem Tag zu gut gefrühstückt. Vielleicht war es auch dieser Berg von Preiselbeeren, den er am Abend zuvor verspeist hatte und mit dem sein Magen lange beschäftigt gewesen war. Jedenfalls löste sich, ohne dass Edmund auch nur den gringsten Einfluss darauf gehabt hätte, ein fürchterlicher Rülpser, bahnte sich seinen Weg unaufhaltsam und mit ziemlicher Geschwindigkeit durch

40

sämtliche Windungen des riesigen Elchkörpers ins Freie und traf den eben noch so stolzen Familienvater mitten ins Gesicht.

Da der Geruch, der auf diese Weise ebenfalls sein Ziel traf, nichts zu tun hatte mit frischer Waldluft oder duftenden Blumenwiesen, sondern, im Gegenteil, eher an alles nur vorstellbare Übel denken ließ, war dies keine freudige Überraschung für den neugierigen Besserwisser. Zuerst verfärbte sich sein Gesicht, dann verdrehte er die Augen. Schließlich bekam er weiche Knie und schaffte es gerade noch zum nächsten erreichbaren Sessel, bevor er in sich zusammensank und nach Luft schnappte. Oh, dachte Edmund, jetzt mache ich mich besser aus dem Staub, ist mir ja peinlich, aber schließlich ist er selber schuld.

Kaum war Edmund um die nächste Ecke gebogen, so unauffällig wie möglich, was für einen Elch seiner Größe in einem Möbelhaus wirklich nicht einfach war, da traf es ihn wie ein Blitz: Dort, an der gegenüberliegenden Wand, stand sie, eine gut aussehende, stattliche, stolze Elchdame im besten Alter. Jedenfalls dachte das Edmund, der auch im Wald für seine Kurzsichtigkeit bekannt war. Sie sah zu ihm herüber und war so gebannt von seinem durchtrainierten Körper, dass sie für nichts anderes mehr Augen hatte als für ihn. Noch nie war Edmund so überwältigt gewesen vom Anblick einer Elchkuh. Das musste Liebe auf den ersten Blick sein!

„Das ist Släng", hörte Edmund einen Herrn zu seiner Frau sagen, während er auf diese grazile Gestalt zeigte, die für Edmund inzwischen das Schönste und Begehrenswerteste darstellte, das er sich auf der Welt vorstellen konnte. Aha, dachte Edmund, man kennt sie also sogar bei den Menschen. Es erfüllte ihn mit großer Freude, nun sogar ihren Namen zu kennen. Er wunderte sich zwar ein wenig über die Regungslosigkeit, mit der „seine" Släng so dastand. Aber er

dachte sich nichts weiter dabei, denn er konnte vor lauter Verliebtheit keinen klaren Gedanken mehr fassen.

Auch die weiteren Worte des Mannes, der Släng mit Namen kannte, hörte Edmund vor lauter Aufregung nicht mehr: „Diese Garderobe können wir im Flur anbringen, scheint ja eine ganz einfache Montage zu sein, nur ein oder zwei

Dübel in die Wand und schon haben wir Platz für ein paar Jacken, Mäntel und Hüte."

Edmund geriet ganz in Verzückung vor lauter Glück. War das eine stolze Erscheinung, die inmitten dieser Ansammlung von Menschen so ruhig und gelassen blieb! Diese Frau war genau sein Typ, das war sicher. Das ist mein Glückstag, dachte Edmund. Ich muss mich ihr sofort vorstellen, damit sie weiß, wer ich bin.

Ohne lange zu zögern, näherte er sich, ließ sie währenddessen nicht aus den Augen und war sich sicher, dass sie ihn ebenfalls mit ihren Blicken fixierte. Jetzt nur nicht übertreiben, nicht zu selbstsicher, nicht zu aufdringlich und vor allem nicht zu direkt, versuchte Edmund sich selbst zu zügeln.

Er holte tief Luft, näherte sich so imposant wie möglich und postierte sich mit geschwellter Brust dicht neben ihr, jedoch in gebührendem Abstand, um ihr nicht zu nahe zu treten.

Die Begrüßung viel allerdings etwas einseitig aus, denn nachdem Edmund ihr seinen Namen genannt hatte, gab sie keine Antwort. Mannomann, dachte Edmund - immer noch völlig auf dem falschen Dampfer - ist die Frau cool! Ob diese Elchfrauen aus der Stadt alle so sind? Spielt keine Rolle, ich werde sie schon dazu kriegen, mich nett zu finden.

Als Edmund so mitten im Gespräch war, gerade von seinen vielen Erlebnissen aus dem Wald erzählte und versuchte, sich von seiner besten Seite zu zeigen, da nahte das Unheil. Es nahte in Gestalt des beinahe schon vergessenen Familienvaters, der die Zwischenzeit offenbar nicht nur dazu genutzt hatte, tief Luft zu holen und wieder zur Besinnung zu finden. Gefolgt von seiner Familie, dem Geschäftsführer des Möbelhauses und einer Reihe von Angestellten, die sich nach und nach dem Tross angeschlossen hatten, stürmte er auf Edmund zu: „Das ist der Kerl! Unverschämtheit! Nicht nur, dass er meine Kinder erschreckt

hat, er war so dreist, mir mitten ins Gesicht zu rülpsen! Ich erwarte, dass Sie diesen Kerl rausschmeißen, aber sofort! Ist das die Art, wie Sie Ihre Kunden behandeln?", zeterte er, „ich verlange auf der Stelle eine Entschuldigung von Ihnen!"

Dieser Zwischenfall zwang Edmund, sich schleunigst von seiner eben erst gefundenen großen Liebe zu verabschieden. „Ich werde dich wieder besuchen",

flüsterte er ihr noch ins Ohr, „muss aber jetzt ganz schnell weg. Dringende Geschäfte, du weißt schon: Termine, Termine ..."

Mehr Zeit blieb ihm nicht, denn bald würden sie bei ihm sein. Mit großen Sprüngen machte er sich davon, streifte auf seinem Weg noch ein paar Möbelstücke, hinterließ ein ziemliches Durcheinander und verschwand schließlich mit einem Satz hinter einer Komode, die ihm als Versteck hervorragend geeignet erschien. So entkam Edmund tatsächlich der rasenden Meute, die „seine" Kommode vermutlich für eine besonders ausgefallene Designeridee hielt.

Släng hing noch eine ganze Zeit dort herum, wo sich die beiden getroffen hatten, - stets mit dem kühlen Ausdruck großer Gelassenheit. Und Edmund behielt sie noch lange in süßer Erinnerung.

Als Edmund den Weihnachtsmann verärgerte

Es hatte bereits wochenlang geschneit in den schwedischen Wäldern. Das sah zwar sehr schön aus, bedeutete jedoch für die meisten Tiere des Wades den Beginn einer harten Zeit. Diejenigen, die es versäumt hatten, im Herbst Vorräte anzulegen, hatten es jetzt schwer. Sie mussten jeden Tag aufs Neue nach Nahrung suchen und es dauerte häufig den ganzen Tag, bis einige wenige Früchte des Waldes gefunden waren, die zumindest den größten Hunger stillten. Zu dicht war die Schneedecke, unter der die begehrten Tannenzapfen, Bucheckern und Eicheln lagen, die Büsche mit den verschrumpelten Preiselbeeren oder die Flechten und Pilze.

Besser ging es einigen großen Waldbewohnern, die auch im Winter keinen Hunger leiden mussten, sondern stolz und erhaben durch den Wald schritten. Einer von ihnen war Edmund, der stattliche småländische Elch.

Auf den Bäumen lag die schwere Last des Schnees und manchmal geschah es, dass der eisige Wind ihre Zweige von dieser Last befreite und sich plötzlich eine Lawine löste. Wenn man dann zufällig unter einem solchen Baum stand, sah man aus wie ein Schneemann.

Ein paar junge Elche aus dem Dorf machten sich manchmal einen Spaß daraus, eine solche Lawine abzupassen und von ihr getroffen zu werden. Denn für Elche war es nicht besonders gefährlich, sie waren groß genug, und es kitzelte sie nur ein bisschen zwischen den Ohren. Wenn es ihnen zu viel wurde, dann schüttelten sie sich einfach kräftig und waren sogleich wieder von ihrer weißen Verkleidung befreit.

Anders sah es für die kleinen Tiere des Waldes aus, die Kaninchen, Vögel, Dachse und Füchse. Wenn sie von einer Baumlawine getroffen wurden, waren sie meistens komplett von Schnee bedeckt. Oftmals bekamen sie dann keine Luft mehr und hatten Schwierigkeiten, sich ohne fremde Hilfe zu befreien.

In dieser Jahreszeit streifte Edmund besonders gerne durch den Wald. Die wenigen Waldwege, die es in den schwedischen Wäldern überhaupt gab, waren meterhoch mit Schnee bedeckt und auch die Lichtungen, die dadurch entstanden waren, dass die Menschen Bäume gefällt hatten, erstrahlten im Weiß des Schnees, von der Sonne beleuchtet.

Edmund mochte diese besondere Stille, die es nur im Winter gab. Außerdem verstand er seine täglichen Streifzüge auch als Pflicht. Denn schon oft hatte er einem der anderen Waldbewohner helfen können. Letztes Jahr erst hatte er Delbert, den Dachs, aus einer Schneelawine befreit und Anika, der kleinen Ameise, über einen Graben geholfen.

Es kam auch häufig vor, dass sich Tiere im Wald verliefen, denn natürlich waren auch die Waldwege zugeschneit und man verlor schnell die Orientierung. Aufgrund der enormen Größe der schwedischen Wälder konnte das sehr gefährlich sein. Es passierte, dass man tagelang umherirrte, ohne auch nur ein einziges Lebenszeichen eines anderen Tieres zu hören oder zu sehen. Unzählige Male hatte Edmund schon solchen vom Wege abgekommenen Tieren helfen müssen. Deshalb hielt er in diesen klirrend kalten Tagen die Augen immer besonders offen und lauschte auf jedes ungewöhnliche Geräusch im Wald. Das war sicherlich auch der Grund, weshalb Edmund an diesem Tag eine besondere Begegnung mit einem eigenartigen Besucher des Waldes hatte.

Zuerst hatte Edmund nur ein leises Knacken vernommen. Er konzentrierte sich und entdeckte weitere ungewohnte Zeichen des Waldes. Bald sah er auch einen kleinen Punkt, weit entfernt von der Stelle, an der er inzwischen stehen geblieben war. Der Punkt bewegte sich, das konnte Edmund erkennen, obwohl er noch weit weg war. Aber der Punkt wurde allmählich größer und kam direkt auf Edmund zu.

Was soll ich machen?, überlegte Edmund. Er war nun völlig angespannt, denn er wusste ja schließlich, dass es Menschen gab, die sich ‚Jäger‘ nannten und es besonders auf Elche abgesehen hatten. So ein Kampf mit einem Jäger ging für den Elch meistens tödlich aus, auch das wusste Edmund. Darum musste man mit Jägern besonders vorsichtig sein.

Doch es schien kein Jäger zu sein, denn der Mensch, der sich dort näherte, machte sehr viel Lärm und gab sich überhaupt keine Mühe, nicht gesehen zu werden.

Komisch, dachte Edmund, ein Pilz- oder Preiselbeersammler kann es auch nicht sein. Von denen gibt es zwar viele, aber sie kommen im Herbst, wenn die Sträucher im Wald eine reiche Ernte versprechen, nicht jetzt im Winter. Und sie kommen normalerweise in Scharen wie die schwedischen Mücken, nicht alleine. Ich werde mir diese komische Gestalt 'mal aus der Nähe ansehen, vielleicht braucht sie ja Hilfe.

Als der Mensch, der auf einem kleinen Schlitten und offensichtlich alleine dahergesaust kam, nahe genug herangekommen war, rief er Edmund zu: „Hej, du gamla Skogsinvonare!", was soviel heißt wie: „Hallo, du alter Waldbewohner!"

Edmund fand ihn ein wenig unangenehm. Vor allem gefiel ihm die Anrede nicht. Er war es gewohnt, etwas ehrerbietiger angesprochen zu werden.

Es war ein alter Mann und er war merkwürdig gekleidet. Er hatte einen langen, roten Mantel an, trug eine ebenfalls rote Zipfelmütze auf dem Kopf, einen langen, weißen Bart und schwarze, glänzende Stiefel an den Füßen, mit denen er durch den Schnee geradewegs auf Edmund zustapfte.

Besonders unpassend fand Edmund die weißen Handschuhe. So etwas sah man selten im Wald. Da der Mann aber ganz alleine war, sagte Edmund zu sich: „Den schau ich mir näher an. 'Mal sehen, was er will!"

„Du kennst mich sicher", rief der Alte, „ich bin der Weihnachtsmann!"

So ein Angeber, dachte Edmund, ist mir doch egal, ob er der Weihnachts-, Frühjahrs- oder Sommermann ist. Schließlich erzähle ich auch nicht jedem, der

mir bei meinen Rundgängen irgendwo im Wald begegnet, dass ich der Straßenschilder-Elch bin.

„Und sicher kannst du dir denken, was ich von dir will", setzte der alte Mann seine Rede fort. „Jedes Jahr um diese Zeit wandere ich durch die schwedischen Wälder, um nach Elchen zu suchen."

Ist er doch ein Jäger!, dachte Edmund. So ein gemeiner Trick, nicht sofort auf die Elche zu schießen, sondern sie erst blöd anzuquatschen.

„Wenn ich dann einen so tapferen und stolzen Elch gefunden habe, wie du einer zu sein scheinst, dann biete ich ihm an, mir bei meiner Arbeit zu helfen. Denn wie du sicher weißt, besitze ich einen riesigen Schlitten, auf dem die Geschenke für die Menschenkinder transportiert werden. Mit diesem Schlitten, gezogen von sechs starken Elchen, fliege ich durch die Lüfte und beschenke die braven Kinder in den schwedischen Dörfern. Es ist ein verantwortungsvoller Job, nicht jeder Elch ist dafür geeignet. Aber bei dir habe ich das sichere Gefühl, dass du der Aufgabe gewachsen bist. Also wie wäre es, willst du sofort mitkommen oder soll ich dir meine Adresse aufschreiben? Du könntest dann nachkommen, so kurz vor Weihnachten. Hauptsache, ich kann mich darauf verlassen!"

„Nee, weißt du", antwortete Edmund, ohne lange über das Angebot nachzudenken, „lass 'mal. Ich glaube, du fragst den falschen Elch. Stark bin ich zwar, damit hast du recht. Aber alte Männer in roten Mänteln, die von sich behaupten, der Weihnachtsmann oder sonst irgendein toller Hecht zu sein, habe ich schon viele hier im Wald gesehen. Einige davon haben wir nachher eingesperrt. Deine Geschichten kannst du einem anderen Elch erzählen. Und selbst wenn du die Wahrheit sagst, komme ich nicht mit. Denn ich will in diesen schweren Winterzeiten bei meinen Freunden hier in meinem Wald bleiben. Viele brauchen meine Hilfe. Und überhaupt gehört zu den Dingen, die ich mir immer

54

gewünscht habe, nicht gerade, vor einen riesigen Schlitten gespannt zu werden. Nee, nichts für mich, ich bin zufrieden, so wie es ist."

Vielleicht war es Edmund einfach nicht ganz klar geworden, mit wem er es zu tun hatte. Jedenfalls hatte der Weihnachtsmann noch nie in seinem ganzen Leben ein so verdutztes Gesicht gemacht. Das war ihm noch nie passiert! Immer wenn er in den vielen vergangenen Jahren Elche gefragt hatte, waren diese seinem Wunsch begeistert nachgekommen. Es war eine Ehre für jeden schwedischen Elch, den Schlitten des Weihnachtsmannes zu ziehen!

Doch mit dieser Art von Ehre hatte Edmund nichts am Hut. Ihm war es egal, er wollte nur seine Ruhe haben. „Aufgeblasener, alter Mann!", murmelte Edmund noch leise vor sich hin, bevor er gemächlich davontrottete und hinter der nächsten Lichtung im Wald verschwand.

So kam es, dass der alte Weihnachtsmann in diesem Jahr noch etwas dazulernte und bei der Besetzung seines Schlittengespanns ein paar Kompromisse machen musste.

Edmund, der (Ost-)Seebär

Dass schwedische Elche mächtig neugierig sind, weiß jeder. Dass Neugierde gefährlich sein kann, weiß ebenfalls jeder. Und um zu erkennen, dass Edmund, der Elch, ein Musterbeispiel dieser neugierigen Spezies darstellt, muss man kein Hellseher sein.

Schon bei Edmunds Geburt hatten die Elche aus seinem Dorf geahnt, dass sich hier ein besonders vorwitziges Exemplar in der Elchwelt anmeldete. Denn das kleine Elchkalb erblickte ganze vier Wochen zu früh das Licht der Welt. Es machte ganz den Eindruck, als könne es vor lauter Neugierde nicht mehr erwarten, auf die Welt zu kommen.

Damit war es jedoch nicht genug. In den ersten Monaten und Jahren seines jungen Elchlebens fiel Edmund immer wieder dadurch auf, dass er ungeduldig und voller Tatendrang war und stets den Dingen auf den Grund gehen musste. Immer wieder stiftete er seine Freunde an, verbotenen Wegen zu folgen, hinter versperrte Türen zu schauen oder erwachsenen Elchen unangenehme Fragen zu stellen, weil er wieder einmal etwas aufgeschnappt hatte, das nicht für seine großen Elchohren bestimmt gewesen war. So manches Mal ging dies nicht ohne kleinere oder größere Schäden an Elch oder Material vonstatten.

Edmund wuchs schnell heran, sein Körper erinnerte schon nach wenigen Jahren nicht mehr an den vorwitzigen, kleinen Elchjungen, der er einmal gewesen war. Doch auch wenn er inzwischen ruhiger und gelassener und ein stattlicher junger Elchmann geworden war, die Neugierde steckte immer noch tief in ihm wie ein Stachel, den er nicht los wurde.

Lange war es gut gegangen. Edmund hatte gelernt, vorsichtiger zu sein und die Folgen seiner Taten zu bedenken, manchmal sogar darauf zu verzichten, alles wissen zu wollen. Doch da sich das Schicksal nun einmal nicht beeinflussen lassen wollte, war es nur eine Frage der Zeit, bis sich die nächsten Schwierigkeiten abzeichneten.

Es war an einem warmen Sommertag, als Edmund durch den Wald streifte, wie er es sonst immer mit seinen Freunden tat. Als er an die Lichtung kam, an der er schon häufig Menschen gesehen hatte, fiel ihm ein merkwürdiges Gefährt auf. Es sah ein bisschen aus wie ein Haus, andererseits aber auch wie eines dieser Autos, mit denen sich die Menschen fortbewegten. „Campingcaravan" stand darauf geschrieben und dieser Schriftzug zog Edmund magisch an. Wieder einmal erlag er seiner Neugierde.

Edmund zögerte keinen Moment, dieses Gefährt musste erforscht werden. Schon hatte er mit einem leichten Stoß seines mächtigen Elchkörpers die Tür geöffnet und war in den Campingbus eingedrungen.

Drinnen gab es eine Menge interessante Utensilien, so ähnlich wie in einer dieser Menschenwohnungen, die Edmund schon häufiger auf seinen Streifzügen durch die Stadt gesehen hatte.

Doch was war das? Plötzlich kam Bewegung in die Sache, ein heftiger Ruck, Motorengeräusche und das Haus auf Rädern rumpelte los. Offenbar hatte der Fahrer nur eine kleine Pause eingelegt und machte sich nun wieder auf den Weg – nicht ahnend, welche Fracht er nun geladen hatte.

Edmund konnte nicht abspringen, dazu fuhr das Vehikel zu schnell. Also musste er sich gedulden bis zur nächsten Rast und sich verstecken, so gut es ging.

Nachdem sich das merkwürdige Haus auf Rädern nach langer Fahrt - es mussten mehrere Stunden gewesen sein - endlich beruhigt hatte und auch die

Stimmen und Geräusche um ihn herum weniger geworden waren, fasste sich Edmund ein Herz. Er hob den Vorhang am hinteren Fenster an und schaute vorsichtig nach draußen.

Was er dort sah, machte ihn nicht besonders glücklich: kein Wald, keine Wiesen und erst recht keine befreundeten Elche. Er musste mitten ins Menschenland gefahren sein, denn um ihn herum standen zahllose Autos in unterschiedlichen Farben und Größen. Allerdings saß niemand darin, das fiel Edmund sofort auf, und sie standen in mehreren Reihen schnurgerade hintereinander.

Das muss ein großes Parkhaus sein!, vermutete Edmund. Er stieß die Tür des Wohnmobils auf, verließ mit einem großen Satz sein Versteck und spürte kalten, rutschigen Metallboden unter sich.

Langsam kam ihm ein Verdacht und die merkwürdigen Geräusche, die Edmund vernahm, passten dazu. Die Sache musste erforscht werden, schließlich war Edmund nicht umsonst für seine Neugierde, durch die er in diese missliche Situation geraten war, bekannt. Also sah er sich weiter um und näherte sich einem Fenster des vermeintlichen Parkhauses.

Als er hinaussah, wurde ihm ganz schlecht, denn er fand seine schlimmsten Ahnungen bestätigt: Er, Edmund, der Elch aus Svartbeksmåla, befand sich nicht in einem Parkhaus, was schon unangenehm genug gewesen wäre, sondern auf einem Schiff! Der Fahrer des Wohnmobils hatte ihn geradewegs auf eine Autofähre mitgenommen, die zwischen Schweden und Deutschland auf der Ostsee verkehrte.

„Ach du panische Pansenlähmung", stammelte Edmund vor sich hin, als er endlich wieder richtig atmen konnte, ohne sich dabei übergeben zu müssen. Was mache ich nur, ich kann doch gar nicht schwimmen?

Nun, da er so dastand, keinen Ausweg wusste und die Dieselmotoren der riesigen Fähre den Boden unter seinen Füßen beben ließen, blieb er nicht lange unentdeckt. Ein Matrose, der dafür sorgen sollte, dass die Autofahrer auf den Fährdecks diszipliniert und geordnet die richtige Parkposition einnahmen, erspähte ihn zuerst. „Hejsan, du Elch", sprach er ihn auf Schwedisch an, „wo kommst du denn her, das hier ist doch keine Elchfähre. Dann zeig mir 'mal dein Ticket. Hast du überhaupt bezahlt?"

Unglücklicherweise war Edmund nicht nur um eine zufriedenstellende Antwort auf diese Fragen verlegen, sondern auch machtlos gegen seinen seekranken Magen, sodass sich ein weiterer Teil seines ausgiebigen Rote-Beete-Preiselbeer-Hafergrütze-Elchfrühstücks vor die Füße des Matrosen ergoß.

„Jetzt reicht's mir aber!", spuckte dieser völlig angewiedert. „Los, los, zum Kapitän! 'Mal sehen, was der dazu sagt. Blinde Passagiere haben bei uns nichts zu lachen."

Der Kapitän machte ein besorgtes Gesicht, als Edmund bei ihm abgeliefert worden war. Einen echten schwedischen Elch hatte er in seinem langen Seefahrerleben auch noch nicht als blinden Passagier gehabt. Außerdem tat ihm Edmund leid, wie er da in seinem ganzen Elend vor ihm stand. Kleinlaute schwedische Elche, vor Übelkeit kreideweiß im Gesicht, hatten wirklich nicht viel gemein mit den stolzen Waldbewohnern, die man sonst so kannte. Aber durchgehen lassen konnte er das natürlich auch nicht. Man stelle sich mal vor, das spräche sich im Elchreich herum. Dann wären die Autofähren womöglich in Zukunft voller Elche und für die Urlauber und ihre Autos bliebe überhaupt kein Platz. Nein, das ging nicht!

Der Kapitän dachte ein wenig nach, dann hatte er eine Idee. Er schlug Edmund ein Geschäft vor: Edmund werde zwar kostenlos mitgenommen, dürfe auch wieder mit zurück nach Schweden fahren, müsse sich die Überfahrt jedoch verdienen.

Edmund ging auf den Vorschlag ein. Es blieb ihm ja gar nichts anderes übrig. Mittlerweile hatte er sich sogar an den schwankenden Boden unter seinen Füßen gewöhnt und fing an, Gefallen an der Seefahrt zu finden. Außerdem konnte man auf diese Weise viel besser den Möwen beim Fliegen zusehen, als das vom Boden aus möglich war. Das gefiel Edmund gut. Und auch die frische Seeluft war ganz nach seinem Geschmack.

Also willigte Edmund ein: Nach jeder Vorstellung des Kinderkinos, das es auf der Fähre gab, besuchte Edmund die Kinder, setzte sich zu ihnen und erzählte Geschichten aus den schwedischen Wäldern. Nicht immer hielt er sich dabei ganz an die Wahrheit. Doch das gehörte nun einmal zum Seemannsgarn, sagte er zu sich selbst, wenn sich sein Gewissen meldete, und fühlte sich schon ganz wie ein alter Seemann.

Edmund wurde zum Publikumsliebling, während der ganzen Überfahrt erzählte er bereitwillig von seinen Erlebnissen.

Als die Fähre in Travemünde auf der deutschen Seite angekommen war, überlegte er kurz, ob er an Land gehen sollte. Doch da er sich selbst gut kannte und einmal in seinem Elchleben vernünftig sein wollte, riskierte er es diesmal nicht, sondern bereitete sich auf die Rückfahrt nach Schweden vor, die er keinesfalls verpassen wollte. Denn Edmund liebte sein Land. Die weiten schwedischen Wälder mit ihren Birken und Preiselbeersträuchern wollte er gerne so schnell wie möglich wiedersehen.

Also setzte er sich auf dem Sonnendeck der Fähre in einen Liegestuhl und ruhte sich ein wenig aus. Das Ganze gab ein sehr merkwürdiges Bild ab: Da Edmund vor lauter Erschöpfung ganz in sich zusammengesunken war, hätte man

64

von hinten meinen können, da stehe ein Liegestuhl mit Geweih auf dem Sonnendeck.

Edmund wäre jedoch nicht er selbst gewesen, wenn er nicht die Gelegenheit beim Schopf ergriffen und in der Bar der Fähre einige der bunten Getränke in den interessant aussehenden Flaschen probiert hätte. - Es waren so viele

Flaschen, dass Edmund von der Rückfahrt nach Schweden nicht mehr viel miterlebte.

Aus seinem Vollrausch erwachte er erst wieder, als der Hafen vom südschwedischen Trelleborg zu sehen war. Die Kopfschmerzen, die darauf folgten und ihn auf seinem Weg nach Hause noch tagelang begleiteten, waren Strafe genug für Edmunds unbändigen Entdeckungsdrang.

Die Besatzung der Fähre war zwar froh, ihn wieder los zu sein, aber ein bisschen Wehmut stand ihnen doch ins Gesicht geschrieben, als Edmund von Bord ging. Ein Matrose fing an, einen kleinen Elch aus Holz zu schnitzen, solange er noch Edmunds Umrisse vor der untergehenden Sonne sehen konnte. Zur Erinnerung an den ungewöhnlichen blinden Passagier wurden diese kleinen Elche aus Holz von da an – wie auch heute noch - auf den Schiffen verkauft.

Edmund, der Trophäensammler

Kaum hatte er die Mitte seines Dorfes erreicht, völlig außer Atem, ging es ihm auch schon besser. Langsam kam er zu sich, sah sich um und wunderte sich über die erstaunten Gesichter der Marktelche, von denen er sich umringt fand: Edmund, der Elch.

Was war passiert? Diese Frage war allen, die Edmund hatten dahereilen sehen, auf die Stirn geschrieben. So hatten sie den bekannten, stolzen Elch noch nie erlebt. Er gab nicht nur ein merkwürdiges Bild ab, wie er so dastand. Der Schreckensausdruck in seinem Gesicht verriet auch, dass er etwas Furchtbares erlebt haben musste. „Erzähl, Edmund, leg schon los! Was ist passiert? Spann uns nicht so auf die Folter!", drängten sie ihn.

„Ich habe es geschafft", stöhnte Edmund und war sichtlich froh, wieder zu Hause inmitten seiner Freunde zu sein. „Gebt mir erst 'mal einen Schluck Waldbeersaft, ich glaube, das brauche ich jetzt."

Nachdem er einen kräftigen Schluck aus der Flasche genommen und sich wieder ein wenig erholt hatte, legte er los. „Also", fing er an, „seid bloß vorsichtig, wenn ihr hinter dem Trollbach, wo unser Revier zu Ende ist, auf die Wiese mit den Apfelbäumen geht. Ich weiß jetzt, wieso die Alten im Dorf immer davor warnen, an diesen Äpfeln zu naschen. Nicht weil sie verdorben sind und man Magenschmerzen davon bekommt, viel, viel schlimmer!

Ich fange 'mal von vorne an: ich stand also am Ufer des Trollbaches, hatte gerade meine übliche Runde an der Grenze unseres Waldes gemacht, um nach dem Rechten zu schauen, da entdecke ich diese Wiese. Die Apfelbäume sind alt,

aber sie tragen noch immer viele Früchte. Die Äpfel sind jetzt sehr reif und glänzen rot und saftig in der Sonne.

Na ja, dachte ich, als ich dieses Naturschauspiel sah, muss ja irgendetwas dran sein, an den Warnungen vor dieser Wiese. Die alten Elche im Dorf werden ihre Erfahrungen gemacht haben und nicht auf sie zu hören, das kann nur unvernünftig sein. Ich werde vorsichtig sein und mir das Ganze 'mal aus sicherer Entfernung anschauen.

Als ich ein paar Schritte weitergegangen war und so mitten im Bachbett stand, hörte ich plötzlich verdächtige Geräusche aus dem Wald. Oje, das mussten wieder 'mal irgendwelche Spaziergänger oder Pilzsammler sein, die zwar noch nicht zu sehen waren, aber immer näher kamen.

Zurück konnte ich also nicht mehr. Denn ich hatte überhaupt keine Lust auf kreischende Menschen, die womöglich panikartig die Flucht ergriffen, wenn sie einen Elch meiner Größe sahen. Oder noch schlimmer: die Vorstellung, es könnten Touristen sein, die nichts Besseres zu tun hatten, als alles daranzusetzen, ein Foto von mir zu machen, um bei ihren Freunden damit anzugeben. Nein, dachte ich, dann also in Richtung Apfelwiese.

Mit einem Sprung erreichte ich das andere Ufer des Trollbaches und versteckte mich im Schutz eines alten, knorrigen Apfelbaumes. Doch kaum stand ich dort im Halbschatten des Baumes, gerade mit dem Gedanken spielend, einen der köstlichen Äpfel, die vor meinen Augen hingen, zu probieren, da nahte das nächste Unglück.

Ich hörte zunächst nur einen lauten Schrei, dann mehrere Menschenstimmen, schließlich aufgeregtes Hundegebell. Was war denn hier los? Am anderen Ende der Apfelwiese war ein großer Bauernhof zu sehen. Ich befand mich also nicht auf irgendeiner Apfelwiese, sondern im Obstgarten dieses Anwesens.

Könnt ihr euch vorstellen, was dann passierte? Die Bäuerin, die mich in ihrem Apfelgarten erspäht hatte, mobilisierte alles, was Beine hatte, einschließlich des Hofhundes, des Knechts, der Kinder und der Mägde und machte Jagd auf mich. Ehe ich michs versah, hafteten mir mehr als zehn Menschen an den Fersen und waren mir nicht gerade freundlich gesonnen.

Ich überlegte nicht lange, dazu war auch gar keine Zeit. Hinter mir diese pilzesammelnden Spaziergänger, vor mir eine wild gewordene Bäuerin, die Angst um ihre Apfelernte hatte. Keine Gelegenheit, große Pläne zu schmieden, also los, was das Zeug hielt.

Ich beschleunigte aus dem Stand in den wilden Galopp. Wenn ich nicht so sportlich wäre, nicht erst letztes Jahr als Waldmeister im Elch-Sprint ausgezeichnet worden wäre, hätten sie mich sofort eingeholt. Aber ich habe es gemacht wie die Hasen auf den Feldern, habe im Laufen ein paar kurze Haken geschlagen und Vollgas gegeben. Das hat mir erst 'mal etwas Vorsprung verschafft.

Doch das Unglück saß mir im Nacken. Kaum war es mir gelungen, ein paar Meter zu gewinnen, nun in vollem Elchgalopp, da drohte schon die nächste Katastrophe.

Erst hielt ich es für eine Falle, eine Art Fangleine oder so was. Doch dann erinnerte ich mich auf einmal an eine Geschichte, die mir der Postelch 'mal erzählt hatte. - Er kennt sich ganz gut aus bei den Menschen und weiß die unglaublichsten Dinge von ihnen zu berichten. - Es war eine Wäscheleine, an der die Menschen ihre Kleider zum Trocknen aufhängen. In strahlendem Weiß, so weiß, das ich geblendet war bei dem hellen Sonnenschein, hingen einige Wäschestücke direkt vor mir und kamen immer näher.

Während ich noch nachdachte, was das wohl sein mochte, wurde die Entfernung immer kleiner und bei dem hohen Tempo, das ich inzwischen erreicht hatte, war an eine Vollbremsung nicht mehr zu denken. Also konnte es nur durchstarten heißen und ich hoffte inständig, dass ich nicht mit meinen Schaufeln in dieser Wäschefalle hängen bleiben würde.

Als ich auf eines der großen, weißen, flauschigen und gut riechenden Bettlaken auftraf, war es eigentlich ein ganz schönes Gefühl. Auch die Wäscheleine wehrte sich nicht lange und zerriss.

An das, was nach diesem Moment weiter passierte, kann ich mich nicht mehr genau erinnern. Irgendwie muss ich es wohl geschafft haben, die Orientierung zu behalten und in Richtung des rettenden Baches und vor allem des heimatlichen Waldes zu galoppieren. Alles Weitere kennt ihr: ich bin gelaufen und gelaufen, ohne zu wissen, wie lange eigentlich, bis ich in eurer Mitte stand. Ich bin so froh, wieder zu Hause zu sein. - Aber weshalb schaut ihr mich immer noch so ungläubig an? Stimmt irgendetwas nicht?"

Vor lauter Aufregung über seine Erlebnisse war Edmund gar nicht aufgefallen, wie er aussah. Sein riesiges Elchgeweih, auf das er zu Recht so stolz war und das ihm schon in vielen brenzligen Situationen gute Dienste geleistet hatte, war nämlich im Moment nicht der einzige Kopfschmuck, den Edmund trug: Die Wäscheleine, von der Edmund erzählt hatte, hatte sich darin verheddert und Edmund war bekrönt mit den Strümpfen des Bauern, der Zipfelmütze des Knechts und dem Büstenhalter der Bäuerin. Ein großes, strahlend weißes Bettlaken wehte wie ein edler Umhang um seinen Elchkörper. So wie er dastand, versehen mit den Zeichen seines Jagderfolgs, gab er wirklich ein lustiges Bild ab.

Als Edmund sich darüber bewusst wurde, löste sich endlich die Spannung und seine Freunde aus dem Dorf fingen an, laut zu lachen - erst nur ein paar, dann konnte sich keiner mehr halten. Edmund fühlte sich zwar zuerst ein wenig beleidigt, aber es war ja noch einmal gut gegangen und als ihm klar wurde, wie

74

lustig er aussah, stimmte auch er in das Lachen der anderen mit ein. Noch lange standen sie so da, mitten auf dem Dorfplatz, lachten aus voller Kehle und wiederholten immer wieder Einzelheiten aus der Geschichte von Edmund.

Sein von Wäsche geziertes Haupt und besonders der blumengemusterte, in der Sonne weithin leuchtende Büstenhalter der Bäuerin, zwischen Edmunds Schaufeln zu voller Pracht aufgespannt, beflügelte die Phantasie seiner Freunde und brachte ihm einen neuen Spitznamen ein: Edmund, der Trophäensammler.

Beim Fotografenelch wurde ein Erinnerungsfoto gemacht und im Rathaus aufgehängt. Die Büstenhalter-Trophäe wurde ausgestopft – so wie es auch die Menschen mit ihren Jagdtrophäen machen. Sie kann noch heute im Rathaus neben dem Erinnerungsfoto bewundert werden.

Edmund und die WASA-Scheiben

Edmund streifte durch die Stadt der Menschen und erlaubte sich im Schutz der Dunkelheit den ein oder anderen Blick in die Häuser. Hinter den Fenstern, die hell erleuchtet waren und ein warmes Licht in die kalte Nacht ausstrahlten, waren die unterschiedlichsten Dinge zu sehen: Familien, die am Tisch saßen und gemeinsam ihr Abendbrot aßen, Ehepaare vor dem flimmernden Fernseher und alte Leute im Schaukelstuhl mit einem Buch oder einer Zeitung.

Hinter einem der Fenster erzählte eine Großmutter ihren beiden Enkeln, die schon im Bett lagen, „eine alte schwedische Geschichte" wie sie selbst sagte:

„In alten, längst vergangenen Zeiten gab es einen König mit dem Namen Gustav Wasa. Er war ein guter König und er tat viel Gutes für sein Volk.

Mit vielen seiner Nachbarn in Norwegen und Dänemark war Gustav befreundet. Doch wie es bei bekannten und großen Königen meistens ist, hatte er auch einige Feinde, die ihm seinen großen Erfolg nicht gönnten.

Es dauerte leider nicht lange, bis diese Feinde mit einem großen Heer in Richtung Schweden zogen, um das Land zu erobern und Gustav Wasa gefangen zu nehmen. Sie waren siegreich, denn niemand hatte mit einem Angriff auf das friedliche Schweden gerechnet, und außerdem bedienten sie sich neuer Kriegstechniken, die ihnen einen deutlichen Vorteil verschafften.

Schon nach kurzer Zeit hatten sie einen großen Teil des Landes besetzt. Gustav Wasa war es im letzten Moment und unter dramatischen Umständen gelungen, vor den Feinden zu fliehen. Doch nicht ein einziger seiner Männer hatte ihm folgen können, um ihn zu beschützen, so schnell hatte er seine Burg verlassen

müssen. Er war also allein unterwegs. Mit seinem Pferd, aber ohne Proviant ritt er Richtung Norwegen, wo er bei seinen Freunden um Hilfe bitten wollte.

Aber seine Verfolger gaben nicht so schnell auf. Sie wussten, dass sie ihn ergreifen mussten, bevor er es schaffte, sich zu den Norwegern durchzuschlagen. Denn gegen die große Macht der Norweger zusammen mit den schwedischen Truppen, die noch geblieben waren, hätten sie auch mit ihren neuen Waffen und Kampftechniken keine Chance gehabt.

Das Glück war diesmal nicht auf Gustavs Seite: Nach mehreren Tagen anstrengenden Rittes lahmte sein Pferd. Es war einfach erschöpft. Von seinem Reiter vorwärts getrieben, verließen es die Kräfte. Also war Gustav nun zu Fuß unterwegs und hatte nur noch wenig Hoffnung, das rettende Norwegen zu erreichen. Denn er wusste, dass ihm die Feinde mit ihrer großen Übermacht dicht auf den Fersen waren.

Völlig entkräftet und ausgezehrt von der tagelangen Flucht, kam Gustav Wasa an einen kleinen Bauernhof in Dålarna. Er klopfte an die Tür und bat um Aufnahme. Obwohl die Bauern ihn nicht erkannten, denn sie hatten zwar vom großen König Gustav Wasa gehört, ihn jedoch nie zu Gesicht bekommen, gewährten sie dem Fremden Einlass in ihre bescheidene Hütte. Die freundlichen Bauern gaben ihm trockene Kleider, bereiteten ihm eine warme Mahlzeit, seine erste seit Tagen, und stellten keine Fragen. Für sie war Gastfreundschaft selbstverständlich.

Gustav war gerade zur Ruhe gekommen und dachte schon wieder an sein Weiterkommen, da näherten sich die feindlichen Suchtrupps, drangen in den Bauernhof ein und durchsuchten die Ställe und Scheunen. Geistesgegenwärtig rief die Bauersfrau Gustav, der über seiner Mahlzeit am Tisch saß, zu: „Du fauler Knecht, auf, miste den Schweinestall aus! Du hast nun lange genug am warmen Feuer gesessen!" Sie war gerade beim Knäckebrotbacken und hatte soeben die fertigen Brote mit einer Holzschaufel aus dem Ofen holen wollen. Stattdessen prügelte sie nun mit der Schaufel auf den König ein, der zwar ein wenig verdutzt war, das Spiel aber selbstverständlich mitspielte, um sein Leben zu retten.

Da Gustav in den Kleidern, die man ihm gegeben hatte, ganz und gar nicht wie ein König aussah und auch die Feinde ihm noch nie zuvor begegnet waren, ging dieser Plan glücklich aus. Die Angreifer zogen unverrichteter Dinge ab, Gustav war gerettet und aus Dankbarkeit versprach Gustav, den armen Bauern zu helfen, sobald er die Feinde besiegt hätte.

So oder so ähnlich hat sich diese Geschichte zugetragen, und um an die ungewöhnliche Rettung ihres Königs zu erinnern, tauften die Schweden damals ihr Knäckebrot ‚Wasa-Knäckebröd'", schloss die Großmutter ihre Erzählung.

Edmund hatte schon eine ganze Zeit in die Dunkelheit gehüllt vor dem Fenster gestanden, ohne einen Laut von sich zu geben, und die großen Elchohren gespitzt. Doch bei dieser Geschichte wurde es ihm zu bunt und beinahe hätte er ans Fenster geklopft. So 'n Blödsinn, dachte Edmund, was sich diese Menschen für Märchen erzählen! Als sei das Knäckebrot eine Erfindung der Menschen - dass ich nicht lache! Und dann als Erinnerung an einen König, nur weil der zufällig so ähnlich heißt wie unser Brot! Wenn ich nur mit den Menschen reden könnte, dann würde ich ihnen erzählen, wie es sich wirklich zugetragen hat. Schließlich gilt im ganzen, weiten schwedischen Unterholz nicht umsonst die Weisheit „Elch Edmund tut Wahrheit kund".

Mein Urgroßvater, an den ich mich nur noch sehr schwach erinnern kann, da ich noch ganz klein war, als er starb, hat mir einmal die wahre Geschichte vom Wasa-Knäckebrot erzählt. Und mein Urgroßvater war zu jener Zeit der Älteste

im Elchdorf, der erfand nicht einfach irgendwelche Märchen, der musste es wissen!

Er berichtete von den alten Zeiten, als es noch keine Fernseher, Telefone und auch keine Autos gab, vor denen sich Elche heutzutage fürchten müssen. Aber eine Sache gab es schon, mit der man sich die einsamen, kalten Winterabende verschönerte: Im Gasthaus „Zum unbarmherzigen Jägerschreck" traf man sich,

versammelte sich um den riesigen Kachelofen, der eine wunderbar wohlige Wärme ausstrahlte, und lauschte den Klängen eines Grammofons. Es war so ein altes, ehrwürdiges Gerät, eines von denen, die man heute nur noch ab und zu in Antiquitätenläden sieht.

Die Platten legte der Wirt, den sie „Hoho" nannten, weil er für sein schallendes Lachen bekannt war, persönlich auf. Denn er hatte jahrelange Erfahrung darin und wusste immer ganz genau, was die Elche aus seinem Dorf hören wollten. Heute würde man so jemanden wohl „Disc-Jockey" oder „DJ" nennen - also vielleicht DJ-Hoho.

Und jetzt ratet mal, wie die Platten aussahen, die der Wirt auflegte! Genau, richtig, die sahen aus wie die runden schwedischen Knäckebrote heute: knackig-braun, rund und mit einem Loch in der Mitte. In Deutschland kennt man zwar nur noch diese modernen, rechteckigen, aber das Muster darauf sieht genauso aus wie bei den runden Scheiben, die es im hohen Norden immer noch zu kaufen gibt.

Wenn man das weiß und genau hinsieht, kann man feststellen, dass sich die Muster auf jeder Knäckebrotscheibe unterscheiden. Das liegt daran, dass auf jeder, wie bei Schallplatten üblich, ein anderes Lied eingepresst ist. Wenn man eine solche runde Knäckebrotscheibe heute nähme und sie in ein ganz normales Elch-Grammofon einlegte, dann würde man das auch hören.

Aber weshalb „Wasa-Scheiben", wie kamen die runden Platten zu ihrem Namen?

„Zur damaligen Zeit", erzählte mein Urgroßvater, „kamen Fremde von weit her ins Elchdorf. Es war üblich im Elchreich, ausgedehnte Reisen zu unternehmen, um nach neuen Wäldern Ausschau zu halten und damit nach neuen Nahrungsquellen.

Solche Fernreisen, die manchmal mehrere Monate oder sogar Jahre dauern konnten, waren sehr anstrengend, denn die Elche mussten die vielen Kilometer zu Fuß zurücklegen, und sehr gefährlich. Jedenfalls war es selbstverständlich und gehörte zur Gastfreundschaft im Elchreich, den reisenden Elchen eine Unterkunft und etwas zu essen anzubieten.

Kaum hatten die fremden Elche, die sich schon äußerlich von den Dorfbewohnern der schwedischen Wälder unterschieden, Aufnahme gefunden und sich etwas ausgeruht, versammelte sich der Ältestenrat um sie, um zu erfahren, von wo sie kamen.

Dabei gab es zunächst große Verständigungsprobleme, denn die fremden Elche sprachen eine ganz andere Sprache. Sie waren schwer zu verstehen, doch mit der Hilfe eines Dolmetscherelches, der schnell hinzugeholt wurde, ging es besser.

Es stellte sich heraus, dass es sich um Elche aus dem fernen Japan handelte, einem Land sehr, sehr weit enfernt von Schweden. Diese Elche mussten wirklich lange unterwegs gewesen sein.

Man tauschte eine Reihe von Erfahrungen aus und gab sich gegenseitig Ratschläge. Beide Seiten lernten sehr viel voneinander bei dieser ungewöhnlichen Begegnung.

Besonderen Gefallen fanden die japanischen Elche an der Musik, die man im schwedischen Elchreich hörte. So etwas kannten sie offensichtlich nicht aus ihrer Heimat.

Und sie freuten sich so sehr über die Gastfreundschaft der schwedischen Elche, dass sie sich immer wieder in ihrer Muttersprache bedankten und dabei auf japanische Art tief verbeugten: ‚Wasa-Skivor-Dim-Sun‘. Das heißt so viel wie ‚Vielen Dank für alles und vor allem für eure flotte Musik, das werden wir unseren Leuten zu Hause erzählen‘, wie uns der Dolmetscherelch erklärte.

Nachdem die Fremden weitergezogen waren, gingen die Geschichten von der schwedisch-japanischen Begegnung der besonderen Art noch lange herum. Die vielen Unterschiede, die den schwedischen Elchen sehr exotisch vorkamen, wurden von Generation zu Generation überliefert.

KÖRPERBAU:

dunkles
zackiges
Geweih

kleine
Ohren

lange
Zähne

kurze
Beine

ERNÄHRUNG:

viel
Gemüse

auch
Bambus

etwas Gras

besondere Vorliebe:

Algen

LEBENSRAUM:

im japanischen
Hochland

und
an der
Ostküste

BESONDERHEITEN:

sehr
technikbegeistert

Musik-
fans

Eines blieb dem ganzen Dorf in besonderer Erinnerung: die Freude der japanischen Elche über die schwedische Gastfreundschaft und der Dank für die runden Platten, auf die sie so stolz waren.

‚Wasa-Skivor‘ oder - auf Deutsch - ‚Wasa-Scheiben‘, so nennt sie seither jeder.“

Edmunds Ärger mit der Toilettenfrau

Jeder weiß, dass Toilettenfrauen - und manchmal sind es auch –männer - wenig Spaß verstehen. Jedenfalls nicht dann, wenn jemand ihr Allerheiligstes benutzt und sich dabei nicht an die Regeln hält. Dass diese Regeln in jedem Land der Erde andere sind, lassen sie nicht gelten, es sind sowieso „ungeschriebene Regeln". An die muss man sich halten, sonst ist einem der Zorn des Aufsichtspersonals sicher. Und dann ist eine Moralpredigt wie „Ich lebe nun mal davon und habe schließlich die Arbeit mit Ihnen, die Miete muss auch bezahlt werden ...!" noch die angenehmste Variante.

Wie also könnte es lauten, das kleine Einmaleins der öffentlichen Toiletten? Etwa so: Pinkel in der Kabine nicht im Stehen! Sei sparsam mit dem Toiletten- und Handtuchpapier! Verklecker beim Händewaschen keine Seife! Und - der allerwichtigste Punkt – lass es beim Rausgehen kräftig klingeln auf dem Porzellanteller!

Dass nicht nur dieser jedem vertraute, besondere Geruch, sondern auch dieses ungeschriebene Regelwerk förmlich über jeder Damen- und Herrentoilette schwebte und ebenso für Elche beiderlei Geschlechts galt, das erfuhr Edmund kürzlich auf schmerzliche Weise.

Es ereignete sich während eines seiner Rundgänge, auf denen er häufig die breite, schwedische Schnellstraße überquerte, die sein großes Revier in der Mitte teilte. Genau an dieser Stelle hatten die Menschen eine Raststätte gebaut, um ihre Autos aufzutanken, sich eine Pause zu genehmigen und vielleicht eine Korv – diese schwedischen Würstchen mit Senf und Zwiebeln – zu essen.

Edmund mochte die Atmosphäre dort, vor allem die Gespräche mit den Fernfahrern, die immer viel zu erzählen hatten. Da Edmund hier öfters vorbeikam und Elche in Schweden ohnehin zum normalen Straßenbild gehören, kannte man ihn.

Nachdem Edmund über den Parkplatz der Raststätte geschlendert war und das Schnellrestaurant betreten hatte, verspürte er ein ziemlich starkes Bedürfnis, wie es für uns Menschen unvorstellbar, für Elche aber durchaus normal ist. Vielleicht war es der Brennnesseltee, den er bei seiner Großmutter getrunken hatte, denn Brennnesseltee wirkt harntreibend. Vielleicht waren es aber auch die zahlreichen Fässer Elchbier, die er am Abend zuvor zusammen mit seinen Freunden geleert hatte. Jedenfalls wurde Edmund plötzlich von einem unbeschreiblich starken Gefühl getrieben, gegen das nur der Weg zur Toilette half.

Mit ein paar großen Schritten, vorbei an sämtlichen Gästen und auch dem Inhaber hinter der Theke, den Edmund ausnahmsweise nur flüchtig grüßen konnte, näherte er sich der rettenden Tür: „Herrentoilette".

Doch wie man sich denken kann, fingen die Probleme für Edmund nun erst richtig an. Wie sollte er, der stolze schwedische Elch, der es gewohnt war, seinem Drang in der Natur freien Lauf zu lassen, sich hier nur zurechtfinden, in dieser ungewohnten Umgebung? Nachdem er jedoch ohne große Sucherei eine freie Kabine gefunden hatte, erledigte Edmund - quasi in tierischem Turbo-Tempo - erfolgreich sein mächtiges südschwedisches Elchgeschäft.

Bis hierhin war alles gut gegangen. Niemand war während seiner Sitzung hereingekommen, wovor Edmund die größte Angst gehabt hatte, denn es war ihm nicht gelungen, diesen von Menschenhand gemachten und nicht für Elchhufe vorgesehenen Abschließmechanismus zu bedienen. Auch die Porzellanschüssel

hatte seinem Gewicht standgehalten und die Treffsicherheit, die Edmund an den Tag gelegt hatte, war zirkusreif gewesen. Alles in allem war diesem stillen Örtchen nichts von seiner ungewöhnlichen Begegnung mit einem schwedischen Waldbewohner anzusehen.

Das hat doch super funktioniert, dachte Edmund. Jetzt nur noch möglichst selbstsicher durch die Tür, eben so als sei es die normalste Sache der Welt, dass ein schwedischer Elch die Herrentoilette benutzt, und dann schnell wieder nach draußen, um den unterbrochenen Rundgang fortzusetzen. Der allergrößte Teil dieses schwierigen Parcours war also schon geschafft.

Doch es kam, wie es kommen musste. Vielleicht war die Befreiung, die Edmund verspührte, Schuld daran oder ein Stück Überheblichkeit, hervorgerufen durch den soeben errungenen, grandiosen Etappensieg. Jedenfalls meldete sich das Unheil an, als Edmund, die Ausgangstür schon sicher im Blick und nur noch wenige Schritte davon entfernt, im Augenwinkel die Männerpissoirs entdeckte, die für ihn völlig unbekannte und deshalb äußerst interessante Objekte darstellten.

Na ja, dachte Edmund, das müssen wohl Mundduschen sein oder so was. Kann ich ja 'mal ausprobieren. Im letzten Moment schoss ihm zwar noch ein Spruch seiner Großmutter durch den Kopf - „Edmund, steck deine Nase nicht überall rein!" - doch da war es auch schon zu spät.

Edmund hatte seine Nase viel zu tief in eine dieser weißen Wandinstallationen hineingesteckt. Irgendwie waren auch seine Ohren mit hineingeraten und nun wirkten diese wie zwei unbarmherzige und unnachgiebige Widerhaken. Das Porzellan-Ding fügte sich um Edmunds Kopfform, als handle es sich dabei um eine Maßanfertigung.

Als Edmund dann vor lauter Panik auch noch den Beckenstein zwischen die Zähne bekam und sich ein Geschmack in seinem Mund breit machte, gegen den

90

der Duft, den diese Dinger verströmten, geradezu köstlich erschien, war alles vorbei.

Durch einen hektischen Ruck und mit einem passenden heftigen Knirschen verließ das Pissoir seinen angestammten Platz, um sodann Edmunds gar nicht mehr so erhabenes Haupt zu krönen. Wäre Karneval gewesen, hätte Edmunds Maskerade den ersten Preis gewonnen. Eine derart ausgefallene Idee, sich als Männerpissoir zu verkleiden, hätte sicher kein Zweiter gehabt. Aber so ohne Karneval und überhaupt nicht geplant, konnte er einem eher leid tun.

Spätestens als dann auch noch die Toilettenfrau hereinstürzte, das Bild des Grauens erspähte und hysterisch schreiend mit den Armen fuchtelte, wusste Edmund, dass nicht sein Glückstag war. All das war nicht dazu geeignet, eine alte, schwedische Toilettenfrau glücklich zu machen.

Für die Toilettenfrau brach eine Welt zusammen. Doch tapfer und energisch, wie sie war, hielt der Schrecken dieses Anblicks nicht lange bei ihr an, sondern schlug auch schon in Ärger um. „Was haben Sie denn hier angerichtet!? Können Sie denn nicht aufpassen? Wenn das jeder machen würde?", zeterte sie auf Edmund ein, schon befürchtend, mit diesem schwedischen Waldbewohner, der sich Richtung Ausgang davonstahl, ihre einzige Existenzgrundlage dahingehen zu sehen.

Seinen Fluchtweg durch die Abflusslöcher des Pinkelbeckens – seinem einzigen Sehschlitz – fest im Visier, bahnte sich Edmund den Weg ins Freie. Bedingt durch seinen ausgefallenen Kopfschmuck, der ihn ein wenig bei der Feinabstimmung behinderte, fiel Edmund noch einiges an Mobiliar zum Opfer, bevor er endlich den rettenden Parkplatz erreichte. Außerdem hatte er sich beim Bücken irgendwie in einer Rolle Toilettenpapier verfangen, ohne es zu merken. Die Rolle hing an einer seiner beiden riesigen Schaufeln und die

92

Papierfahne, die Edmund hinter sich herzog, wurde mit jedem Schritt, den er machte, länger.

Wahrscheinlich konnte ein solches Maleur nur Edmund passieren. Doch solltet ihr einmal in Schweden unterwegs sein und auf der Toilette einem Elch begegnen, seid freundlich und zeigt ihm, wie sie bedient wird, ganz nach dem Motto: „Rettet den Wald und seine Bewohner – auch vor sich selbst!"

Über den Autor

Guido Urfei wurde am 14.9.1966 geboren. Das dörfliche Leben im Rheinland prägte ihn ebenso wie die Erziehung am von Ordensleuten geleiteten Collegium Josephinum Bonn bis zum Abitur. Das Studium der Agrarwissenschaften, die Promotion an einem volkswirtschaftlichen Lehrstuhl und wissenschaftliches Arbeiten an einem Forschungsinstitut – stets an unwelt- und wirtschafts-politischen Themen – folgten.

Die Ehe mit einer Schwedin sowie seine zahlreichen Aufenthalte im småländischen Schweden, der Heimat von Michel aus Lönneberga und den Kindern aus Bullerbü, sind die Erklärung für die Skandinavienbezüge seiner Geschichten.

Heute arbeitet Guido Urfei im Produktmanagement bei einem großen deutschen Telekommunikationsunternehmen.

Über die Illustratorin

Sabine Rothmund, geboren 1972 in Ludwigshafen am Rhein, studierte Kommunikationsdesign an der Fachhochschule in Mainz. Seit 1997 ist sie als Grafikdesignerin und Illustratorin tätig. Die Illustrationen zu „Elch Edmund" entstanden während eines zweijährigen Aufenthalts in Mexiko.

MORSTADT SATIREN UND HUMOR

Rasmus von Gottberg

Et voilà

66 provençalische Geschichten. Mit 77 Illustrationen von Thomas JanKé, 224 Seiten, Ganzleinen.

Schön ist es in der Provence und nett sind sie, die Provençalen, aber auch ein bisschen wundersam – oder ist es etwa normal, dass man *der* Sonne sagt und *die* Meer und dass man zum Reden mehr Arme braucht als Worte? Und dann gibt es da noch die *Anderen*, die Touristen, die sich fragen, weshalb sich die Einheimischen mittags in ihre Häuser zurückziehen, statt am Strand zu rösten. – Da wundern sich die Provençalen!

Mit einem Augenzwinkern und brillanter Beobachtungsgabe klärt uns der einheimische *Andere* Rasmus von Gottberg auf über das Land und seine Bewohner – und über die *Anderen*.

MORSTADT KINDERBÜCHER

Renate Axt

Felix und die Kreuzritterbande

3. Auflage, 144 Seiten, Illustrationen von Petra Probst.

Felix ist der Chef der „Kreuzritterbande" geworden. Nun reißt der Ärger mit den „Schwarzen Adlern" nicht mehr ab. Als Felix einmal mit dem Rad im fremden Revier herumkurvt, bekommt er die Rache der „Adler" zu spüren.

Winnie, der Anführer der „Adler", hat nicht vergessen, welche Blamage die „Kreuzritter" den „Adlern" bei der Spaghetti-Schlacht im Supermarkt zugefügt haben.

Felix sinnt nun seinerseits auf Vergeltung, und Winnie merkt, was es heißt, auf der schwarzen Liste der „Kreuzritter" zu stehen. In dem Trubel bleibt die Mutter von Felix doch ruhig und gelassen, und schließlich wartet beim Kirschenmichelessen eine Überraschung ...

Felix und die Kreuzritterbande ist eine Stadtabenteuergeschichte für Jungen und Mädchen.